旅游景区服务那些事儿

秦皇岛市旅游委员会
编著

中国轻工业出版社

图书在版编目（CIP）数据

旅游景区服务那些事儿 / 秦皇岛市旅游委员会编著.
—北京：中国轻工业出版社，2017.11
ISBN 978-7-5184-1644-8

Ⅰ.①旅… Ⅱ.①秦… Ⅲ.①旅游区—商业服务—岗位
培训—教材 Ⅳ.① F590

中国版本图书馆CIP数据核字（2017）第236848号

责任编辑：史祖福　　责任终审：劳国强　　整体设计：锋尚设计
策划编辑：史祖福　　责任校对：晋　洁　　责任监印：张　可

出版发行：中国轻工业出版社（北京东长安街6号，邮编：100740）
印　　刷：北京君升印刷有限公司
经　　销：各地新华书店
版　　次：2017年11月第1版第2次印刷
开　　本：850×1168　1/32　印张：3.75
字　　数：85千字
书　　号：ISBN 978-7-5184-1644-8　定价：43.00元
邮购电话：010-65241695
发行电话：010-85119835　传真：85113293
网　　址：http：//www.chlip.com.cn
Email：club@chlip.com.cn
如发现图书残缺请与我社邮购联系调换
171441J4C102ZBW

《秦皇岛市旅游行业服务规范培训动漫读本》编委会

主　　任：李文生
副 主 任：张力荣　李惟立
编　　委：栗书河　付　岗　郭　伟　杨立平　王文军　郭　颖

本书编写人员

主　　编：栗书河
副 主 编：王秀杰　张志辉
参编人员：王喜民　方志学　李冬梅

序

为建设质量管理城市及全域旅游示范城市，提升建设秦皇岛市旅游行业服务质量品牌，秦皇岛市旅游委员会在河北省第二届旅游发展大会的筹备期间，组织智库专家研究编制了“秦皇岛市旅游行业标准规范”系列执业质量管理文件，作为全市旅游业从业人员工作规范的指导标准及专业能力建设工作的基本依据。

为满足现代新生代旅游从业者的培训学习特点需求，切实发挥标准规范影响效力，秦皇岛市旅游委员会专门组建了“旅游行业服务规范培训动漫读本编委会”，按照饭店、旅游景区、旅行社、导游及沙滩海域系列策划设计了配套动漫插图，以互动鲜活的形式呈现，出版了本套专题图书。以培训形式改革创新，达到旅游行业培训工作效果扎实有效的目标。

本培训读本适合各类旅游企业人员培训及相关旅游专业院校学生基础学习使用，是旅游行业典型服务工作质量内训的参用资料。

秦皇岛市旅游委员会

2017 年 9 月 28 日

目 录

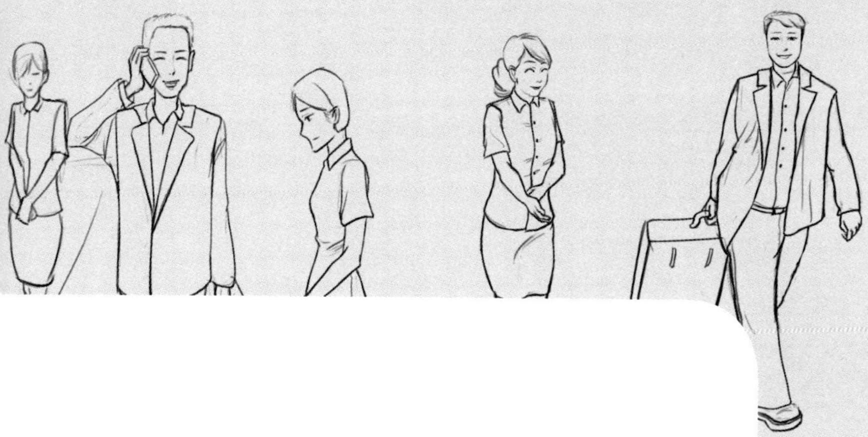

第一部分
停车服务规范

本规范规定了停车场服务的内容及要求，适用于停车场工作人员的培训与考核。

停车场服务流程

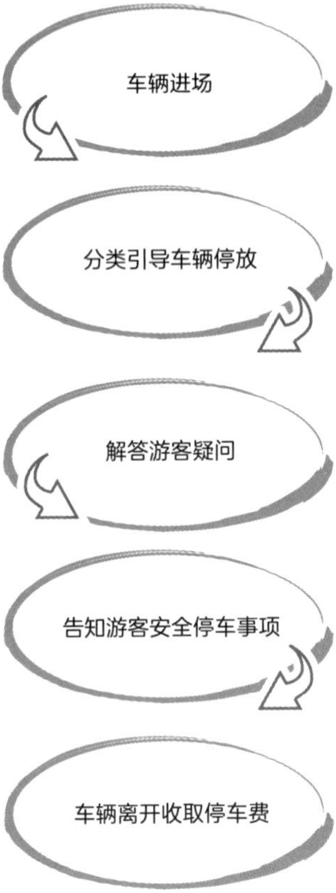

规范内容一 岗前准备要求

1. 工作人员统一着工装，仪容仪表整洁。纽扣需扣好，不应有掉扣，不能挽起衣袖，不能穿拖鞋或不着袜子上班，不得着短裤、短裙（膝上10cm以上）及无袖露背装。

2. 佩戴工号牌和岗位标志（执勤、安全袖标）。工牌应端正佩戴在左胸适当位置，岗位标志（执勤、安全袖标）需佩戴在左臂衣袖适当位置。

3. 提前10分钟进入岗位，召开岗前例会，做好岗位纪律说明、服务设施用品检查及卫生清扫各项准备。

规范内容二 车辆引导服务要求

1. 对游客服务面带微笑，嘴角上扬，露出6～8颗牙齿为宜。语言文明，见到游客主动致问候语，“您好，欢迎来到XXX景区！”服务全过程使用文明敬语和普通话，“您”“请”“谢”不离口，能进行简单的英语对话。

2. 工作人员在岗期间，保持精神状态良好。站姿挺拔，头正目平，腰直肩平，上身正直，双臂自然下垂，挺胸收腹，双腿站直，双脚呈八字步或丁字步。

3. 停车场管理员应熟练掌握车辆引导技能，使用专业手势，引导旅游车辆按照大型车、中小型车在指定区域分类停放。停车场指挥十个手势动作具体说明如下。

（1）直行手势 身体保持正直，右手平起与肩同高，五指并拢，掌心向内，头右摆45°；右手放下，头摆正，成立正式；左手平起与肩同高，头左摆45°，五指并拢，掌心向内；左手放下，头摆正，成立正姿势。要求：出手力度要强，头与手动作同时进行。

（2）直行辅助手势 出左手与肩同高，头左摆45°；出右手与肩同高，头右摆45°；收右手折于胸前，头左摆45°；右手复原，头右摆45°；收右手折于胸前，头左摆45°；收右臂垂直放下，头摆正；左手放下，成立正姿势。要求：头跟着手走，摆臂要有力度，折臂要快。

（3）左转弯手势　右手立掌向前方平伸，头摆左45°；左手向斜前方摆出，头不摆正；收左手，头摆正，成大转弯式；左手向斜前方摆出，头左摆45°；收左手头摆正；收右手成立正姿势。要求：收左手时头迅速摆正，目视前方，动作干净利索。

（4）右转弯手势　左手立掌向前方平伸，头摆右45°；右手向斜前方摆出，头不摆正；收右手，头摆正，成大转弯式；右手向斜前方摆出，头右摆45°；收右手头摆正；收左手成立正姿势。要求：收右手时头迅速摆正，目视前方，动作干净利索。

（5）待转手势　出左手向身体左侧45°，头偏左45°，两眼目视左手；左手下摆15°，两眼目光随手走；复位于左手45°；左手下摆15°，两眼目光随手走；左手收回成立正姿势。要求：两眼目光随手移动。

（6）停车手势　左手立掌于头顶角度为125°，五指并拢，两眼目视前方；左手迅速放下成立正姿势。要求：出手定位迅速、准确，有节奏感。

（7）停车辅助手势　出左手立掌于头顶呈125°；出右手直掌90°，掌心向内；右手向左方摆45°；右手复位直掌90°；右手向左方摆45°；收右手复位直掌90°；同时收双手成立正姿势。要求：整个过程头不摆动，两眼目视前方，动作完毕时双手下砍迅速。

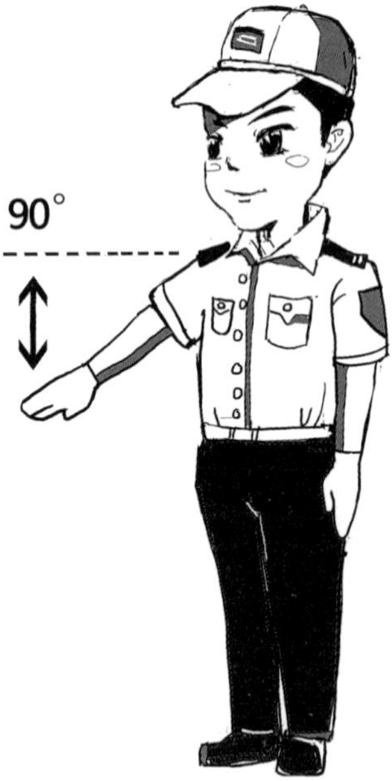

（8）车辆减速慢行手势　出右手斜前方90°，与肩同高，两眼目视右手；右手下摆45°，两眼目光随手移动；右手复原与肩同高的动作；右手下摆45°，目光随手移动；右手迅速放下成立正姿势。要求：下摆与复原时，动作干净利索，有节奏感。

（9）倒车手势　双手直掌向前平伸，掌心向上，与肩同高、同宽，呈90°直角；两臂向上折起，大臂与小臂呈90°直角；两手伸平，恢复第一个动作；两臂向上折起，大臂与小臂呈90°直角；两臂迅速收回，成立正姿势。要求：双臂折起呈90°直角，动作有力，放臂迅速下砍、利索。

（10）倒车辅助手势　左手向前平伸，立掌呈90°直角，掌心向外；右手向前平伸，反掌呈90°直角，掌心向上；右手折起，大臂与小臂呈90°直角；右手平伸，掌心向上；右手迅速折起呈90°直角；两手迅速放下，成立正姿势。要求：左右手平伸时，两臂夹紧，与肩同高、同宽，折臂时要有力。说明：车辆指挥手势的角度均是指手臂与身体的夹角。

（11）停车场管理员引导停车时，主动向游客说明，"您好，请您将车辆停放在小（大）车区车位内，车头朝向外侧，谢谢您的合作！"游客停车后，应主动并多次向车主说明停车注意事项，提示游客，"您好，请带好随身物品，贵重物品请不要存放车内，锁好车门。祝您游览愉快！"

规范内容三 车场巡视服务要求

1．停车场管理员应做好分管区域内安全巡视工作，15~20分钟做一次循环检查。如因个人工作失职造成游客车辆划伤、破损，应承担相应的赔偿责任。如有突发或可疑状况，及时报告主管部门。

2．工作人员回答游客问询时，要站立服务，面带微笑，倾听游客提问，再细致介绍或解释，做到语言清楚、态度温和、语气和蔼、音量适中。如遇儿童或坐轮椅的游客，应下蹲或俯身与游客交流。如不能完好回答游客提出的问题，应引领游客到就近咨询台或游客中心进行咨询服务，如回答完游客提问，需询问游客是否还有其他问题。

3．停车场管理员应做好停车场各种公共信息符号、指示牌、说明牌岗前检查及日常维护、管理。如发现损坏现象，应立即报告停车场主管人员，并填写设施报修单。

规范内容四 车场保洁服务要求

1．做好分管区域内卫生清理工作，不间断巡视保洁，杂物、垃圾停留地面不得超过3～5分钟。垃圾箱内垃圾超过2/3时，必须倾倒一次。

2．停车场管理员应积极配合清扫员做好分管区域内卫生清理工作，确保地面垃圾不得停留超过3～5分钟。

规范内容五 车场收费服务要求

1. 停车场收费员在出口收费时，应将左臂伸出窗口，保持手臂平直，向游客作停车提示，并致问候语："您好。"收费时须严格按照物价部门核定标准收取停车费，并做到唱收唱付，"您的停车费×元，收您×元，找零×元。欢迎再次光临！"将正式票据与找零一并递给游客，做到票款两清，杜绝收费不付票据现象发生。

2. 游客离开时致欢送语，"欢迎再次光临！"。如因工作失误要有致歉声，"对不起，请稍等一下/对不起，让您久等了"。

3. 停车场收费员在工作期间需要暂时离开工作岗位，须向岗位负责人申请。离岗后收费工作由车场管理员代替或公示"暂停服务"温馨提示牌，时间不得超过20分钟。

4. 停车场收费员应严格执行本单位票据管理制度，按期领销票据并保证票款安全。清点当日票款，及时上交财务部门，不准挪用、外借，做到日清月结。

第二部分 售票服务规范

本规范规定了售票服务的内容及要求，适用于售票服务人员的培训与考核。

规范内容一 岗前准备要求

1. 售票员统一着工装，仪容仪表整洁。纽扣需扣好，不应有掉扣，不能挽起衣袖，不能穿拖鞋或不着袜子上班，不得着短裤、短裙（膝上10cm以上）及无袖露背装。

2. 统一佩戴工号牌，工牌应端正佩戴在左胸适当位置。

3. 提前10分钟进入岗位，召开岗前例会，做好岗位纪律说明、服务设施用品检查、室内卫生清理及各种门票、零钱等售票准备工作。

规范内容二 对客售票服务要求

1. 对客服务面带微笑，嘴角上扬，露出6～8颗牙齿为宜。坐姿端正，上身正直，腰部挺起，胸部向前挺，切忌双臂趴在办公桌上。

2. 语言文明，见到游客致问候语，主动问询游客购票需求，“您好，欢迎来到×××景区！景区门票××元/张，请问您购买几张门票?”

服务全过程使用文明敬语和普通话，“您”“请”“谢”不离口，能进行简单的英语对话。

3．如游客咨询优惠免票政策，应耐心细致地回答游客提出的问题，售票时认真查验优惠证件，详细向游客说明优惠标准和门票有效时间。

4．严格执行门票政策，款、票收售操作规范，快捷无误，做到唱收唱付，“您的门票××元，收您××元，找零××元。祝您游览愉快！”门票及找回零钱一并双手递入游客手中。

5．提醒游客排队购票，维护购票秩序。

6．游客购错票或多购票，在售票处办理退票手续，售票员按景区相关规定给予快速办理。如门票已损坏或是在其他途径购买，确不能办理退票的，应耐心向游客解释。

7．闭园前1小时起，售票员需向购票游客告知景区闭园时间，提示最佳参观路线和景区特色项目。

8．熟练掌握计算机技术和各种发票的填写技术，按游客要求规范开具发票。

规范内容三 日常管理要求

1. 严格执行本单位票据管理制度，按期领销票据。离岗前，票款统一存入保险柜，确保安全。清点当日票款，及时上交财务部门，不准挪用、外借，做到日清月结。

2. 遵守本单位各项规章制度，工作时间严禁打闹、吸烟、吃零食、玩手机。严禁非本部门售票人员进入。

3. 做好售票室内卫生，各类工作用品摆放整齐，非工作用品不得摆放于桌上。清理售票室周边环境，无杂物、垃圾。清扫工具不得在外随意摆放。

4. 在岗期间做好工作日志、交接班记录等各项记录。

我来简单说几句
……

第三部分
检票服务规范

本规范规定了检票服务的内容及要求，适用于检票服务人员的培训与考核。

规范内容一 岗前准备要求

1. 检票员统一着工装，仪容仪表整洁。纽扣需扣好，不应有掉扣，不能挽起衣袖，不能穿拖鞋或不着袜子上班，不得着短裤、短裙（膝上10cm以上）及无袖露背装。

2. 统一佩戴工号牌，工牌应端正佩戴在左胸适当位置。

3. 提前10分钟进入岗位，召开岗前例会，做好岗位纪律说明、服务设施用品检查及卫生清理等各项准备工作。

规范内容二 对客检票服务要求

1. 工作人员在岗期间，保持精神状态良好。站姿挺拔，头正目平，腰直肩平，上身正自，双臂自然下垂，挺胸收腹，双腿站直，双脚呈八字步或丁字步。

2. 对客服务面带微笑，嘴角上扬，露出6～8颗牙齿为宜。语言文明，见到游客主动致问候语，“您好，欢迎来到×××景区！请出示您的门票”。如有游客优免票，还需请游客出示本人有效证件，严格按照门票政策认真核对。

3. 检票时，做到一票一检，检票迅捷，不得出现漏检、错检、多票一检和私自放人现象。

4. 检票后，将门票（优免票证件）双手递入游客手中，向游客做出进入手势，轻声提示游客“请进”！进入手势为伸出左臂，手掌自然伸直，掌心向上，手指并拢，手与小臂成直线，大小臂弯曲以140°为宜。

规范内容三 服务规范要求

1．回答游客问询时，要站立服务，面带微笑，倾听游客提问，再细致介绍或解释，做到语言清楚、态度温和、语气和蔼、音量适中。如遇儿童或坐轮椅的游客，应下蹲或俯身与游客交流。服务全过程使用文明敬语和普通话，“您”“请”“谢”不离口，能进行简单的英语对话。

2．对特殊人群（老年人、儿童、残疾人）应主动予以协助，耐心询问游客需求，为其提供相应轮椅、拐杖、婴儿车或其他特殊服务设施。

3．维护正常检票秩序，无拥挤、混乱现象。如遇纠纷，应礼貌予以制止，并立即报告主管部门，及时协助调解，避免影响其他游客正常参观。

规范内容四 日常管理要求

1. 检票员在工作期间需要暂时离开工作岗位，须向岗位负责人申请。时间不得超过20分钟。

2. 遵守本单位各项规章制度，工作时间严禁打闹、吸烟、吃零食、玩手机，不做与检票工作无关的事情。

3. 做好检票室内卫生，各类工作用品摆放整齐，非工作用品不得摆放于桌上。清理检票闸机及周边地面卫生，无杂物、垃圾。清扫工具不得在外随意摆放。

4. 在岗期间做好工作日志、交接班记录等各项记录。

我来简单说几句
……

第四部分

卫生清扫服务规范

本规范规定了卫生清扫服务的内容及要求，适用于卫生清扫服务人员的培训与考核。

规范内容一 岗前准备要求

1. 卫生清扫人员统一着工装，仪容仪表整洁。纽扣需扣好，不应有掉扣，不能挽起衣袖，不能穿拖鞋或不着袜子上班，不得着短裤、短裙（膝上10cm以上）及无袖露背装。

2. 佩戴工号牌和岗位标志（安全巡防袖标）。工牌应端正佩戴在左胸适当位置，岗位标志（执勤、安全袖标）需佩戴在左臂衣袖适当位置。

3. 提前10分钟进入岗位，做好召开岗前例会，岗位纪律说明及卫生设施用品检查各项准备。

规范内容二 岗位职责要求

1. 做好分管区域内卫生清理工作，不间断巡视保洁，杂物、垃圾停留地面不得超过3～5分钟。垃圾箱内垃圾超过2/3时，必须倾倒一次。

2. 做好指定分管区域内各游步路、绿地、各类标识牌、休憩设施等卫生清理工作，每日保洁，不留死角。如发现服务设施有损坏，应立即报告主管人员，并填写设施报修单。

3. 清扫员要做到“三勤六无”，即：腿勤、眼勤、手勤；无烟头、无塑料袋、无果皮、无食品包装袋、棍、无粪便等杂物。

4. 景区内游客主要集散地、通道卫生清洁，不得出现垃圾乱堆、乱放现象。

5. 垃圾实行分类收集，并清运到指定地点投倒，每日2～4次，做到日产日清。在清运过程中，要防止垃圾外溢、抛撒于地面，不准在景区内焚烧垃圾，不准土埋。

规范内容三 日常管理要求

1. 垃圾桶及清扫器具每日清洗，摆放在指定工作间，不得在游览区域内和游客前面随便乱堆乱放，不得影响景观。

2. 做好清扫员工作室内卫生，清扫工具分类摆放，不得存放废品。室外周边地面卫生，无杂物、垃圾。

3. 配合主管人员管理，遵守工作用品发放管理制度，有损坏时及时申报领取，节约使用。

4. 回答游客问询时，要站立服务，面带微笑，倾听游客提问，再细致介绍或解释，做到语言清楚、态度温和、语气和蔼、音量适中。如遇儿童或坐轮椅的游客，应下蹲或俯身与游客交流。如不能完好回答游客提出的问题，应引领游客到就近咨询台或游客中心进行咨询服务，如回答完游客提问，需询问游客是否还有其他问题。

5. 遵守本单位各项规章制度，工作时间严禁打闹、吸烟、喝酒、玩手机，不做与工作无关的事情。

6. 在岗期间做好工作日志、交接班记录等各项记录。

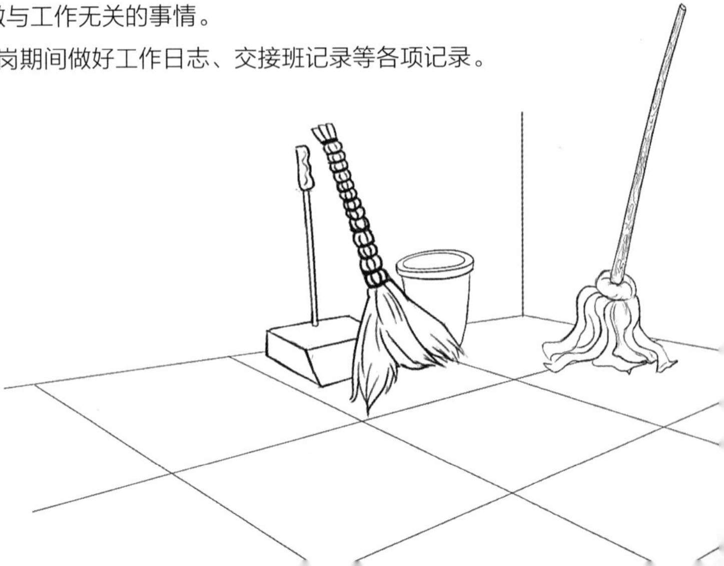

第五部分
厕所保洁服务规范

本规范规定了厕所保洁服务的内容及要求，适用于厕所保洁服务人员的培训与考核。

规范内容一 岗前准备要求

1. 厕所保洁人员统一着工装，仪容仪表整洁。纽扣需扣好，不应有掉扣，不能挽起衣袖，不能穿拖鞋或不着袜子上班，不得着短裤、短裙（膝上10cm以上）及无袖露背装。

2. 统一佩戴工号牌，工牌应端正佩戴在左胸适当位置。

3. 提前10分钟进入岗位，做好召开岗前例会、岗位纪律说明、卫生设施用品检查等各项准备工作。

4. 岗前检查厕所内洗手池、厕位感应器等服务设施及卫生纸、洗手液等服务用品是否可以满足游客正常使用。如有损坏、数量不足现象，应及时上报主管人员，并填写设施报修单或及时领取服务用品。

规范内容二 岗位职责要求

1．母婴卫生间（厕位）、残疾人/老年人卫生间（厕位）及家庭卫生间等特殊服务区域，须全天开放，保证正常使用。

2．实行全天候随脏随保，严格按“五净五无”标准进行日常保洁。（五净：地面和边角干净、厕位和隔板干净、室内窗户和洗手台干净、墙壁和天花板干净，走廊台阶干净；五无：厕所无异味、无积水污垢、内部设施无缺损、内外无杂物、花坛无垃圾。）

3．做好日常保洁，15～20分钟对便池、纸篓、洗手池、镜子等服务设施做一次循环保洁，纸篓内垃圾超过2/3必须倾倒一次。在循环保洁同时，对服务用品进行检查，及时补充，保证游客正常使用。

4．厕所保洁员工作期间应使用工作间水池取水工作，如需使用对客水龙头时，应摘下胶皮手套，或用肘部打开水龙头，不与游客争抢使用洗手台。清理洗手池、厕位、地面等不同设施、设备，卫生工具必须分类使用，避免细菌交叉。

5．完善服务细节，在打扫时设“正在清扫”温馨提示牌，拖地湿滑时摆放“小心地滑”安全提示牌。清理时勤观察周边环境，防止污水溅到游客身上。

6．离岗前对厕所内各类服务设施及清扫工具进行除臭、消毒措施，特别是厕位内外立面、纸篓、坐便等部位，保持洁净少异味。每日清理厕所四周环境，清除“四害”滋生地。

小心地滑

规范内容三 日常管理要求

1. 保持管理间洁净，清洁工具分类放置，清理不同区域的同类工具需有文字标识，以防使用混淆。清扫工具不得在外随意摆放。

2. 回答游客问询时，要站立服务，面带微笑，倾听游客提问，再细致介绍或解释，做到语言清楚、态度温和、语气和蔼、音量适中。如遇儿童或坐轮椅的游客，应下蹲或俯身与游客交流。如不能完好回答游客提出的问题，应引领游客到就近咨询台或游客中心进行咨询服务，如回答完游客提问，需询问游客是否还有其他问题。

3. 捡拾游客遗留物品，应及时上报主管人员或景区办公室，不得私自留藏。

4. 配合主管人员管理，遵守工作用品发放管理制度，清扫用具有损坏及时申报领取，节约使用。

5. 注意用电安全，节约用水、用电，杜绝长明灯、长流水的浪费现象。

6. 遵守本单位各项规章制度，工作时间严禁打闹、吸烟、喝酒、玩手机，不做与工作无关的事情。

7. 在岗期间做好工作日志、交接班记录等各项记录。

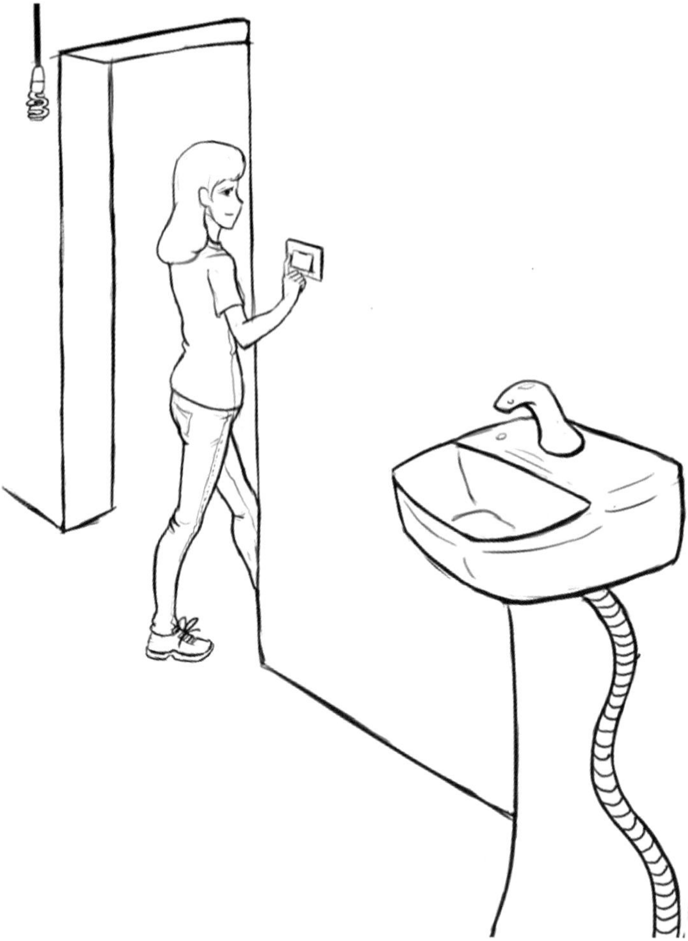

第六部分

景区讲解服务规范

本规范规定了景区讲解服务的内容及要求，
适用于景区讲解服务人员的培训与考核。

规范内容一 岗前准备要求

1．讲解服务人员统一着工装，仪容仪表整洁。纽扣需扣好，不应有掉扣，不能挽起衣袖，不能穿拖鞋或不着袜子上班，不得着短裤、短裙（膝上10cm以上）及无袖露背装。

2．统一佩戴工号牌，工牌应端正佩戴在左胸适当位置。

3．提前10分钟进入岗位，召开岗前例会，做好岗位纪律说明、服务用品检查及本岗位卫生清理等各项准备工作。

规范内容二 对客服务要求

1．在岗期间，保持精神状态良好。站姿挺拔，头正目平，腰直肩平，上身正直，双臂自然下垂，挺胸收腹，双腿站直，双脚呈八字步或丁字步。

2．对客服务面带微笑，嘴角上扬，露出6～8颗牙齿为宜。语言文明，见到游客主动致问候语，“您好，这是××景区讲解服务处，我们会为您提供优质的讲解服务。您需要讲解服务吗?”服务全过程使用文明敬语和普通话，“您”“请”“谢”不离口，能进行简单的英语对话。

3. 如游客需要讲解服务，导游员需耐心为游客讲解导游收费标准、参观内容、线路及游览时间。不得私自抬高讲解费用。

4. 如使用讲解耳麦，需向游客说明耳麦使用说明，帮助游客将耳麦音量调至适中。

5. 服务热情周到，根据游客需求合理安排行程。主动关心和帮助老人、小孩或残疾人等有特殊需要的游客。对可能危及游客人身、财产安全的情况，及时向游客作出说明或明确警示。

规范内容三 讲解技能要求

1. 讲解内容准确、健康，导游词科学、生动，语言规范、顺畅，导游技巧灵活、多样，口齿清晰，音量适中，充分体现景区内涵和文化特色。

2. 在讲解景区的同时，还应热情答复游客的提问或咨询，耐心细致地与游客沟通。如遇儿童或坐轮椅的游客，应下蹲或俯身与游客交流。讲究礼仪礼节，尊重游客的风俗习惯和宗教信仰。

3. 讲解服务中，不得遗漏任何景观或擅自中止讲解服务。不得索要、收受回扣，不诱骗游客购买商品、参加收费性项目。

规范内容四 管理规范要求

1. 讲解结束后，及时主动倾听、征询游客意见、建议，填写接待日志，虚心接受游客批评，改进自身服务。如有涉及其他方面的意见、建议，应及时反馈给主管人员。

2. 遵守本单位各项规章制度，在岗期间严禁打闹、吃零食、玩手机，不做与工作无关的事情。服从主管人员调配与管理。

3. 在岗期间做好工作日志、交接班记录等各项记录。

第七部分

游客中心咨询接待服务规范

本规范规定了游客中心咨询接待服务的内容及要求，适用于游客中心咨询接待服务人员的培训与考核。

规范内容一 岗前准备要求

1. 咨询服务人员统一着工装，仪容仪表整洁。纽扣需扣好，不应有掉扣，不能挽起衣袖，不能穿拖鞋或不着袜子上班，不得着短裤、短裙（膝上10cm以上）及无袖露背装。

2. 统一佩戴工号牌，工牌应端正佩戴在左胸适当位置。

3. 提前10分钟进入岗位，召开岗前例会，做好岗位纪律说明、服务设施、设备检查及本岗位卫生清理各项准备。

规范内容二 岗位职责要求

1. 检查各项服务设施、设备是否正常运转，满足游客使用。如电脑是否可上网；触摸屏运行是否正常；赠阅的导游图、宣传折页等物品数量是否充足；报刊架的报纸、交通、气候提示牌内容是否及时更新等。如发现损坏现象，应立即报告主管人员，并填写设施报修单。

2. 做好游客中心卫生清理工作，确保各类服务设施、设备干净无尘，游客可正常使用。

规范内容三 服务技能要求

1. 在岗期间，保持精神状态良好。站姿挺拔，头正目平，腰直肩平，上身正直，双臂自然下垂，挺胸收腹，双腿站直，双脚呈八字步或丁字步。

2. 对客服务面带微笑，嘴角上扬，露出6～8颗牙齿为宜。语言文明，见到游客主动问询，“您好，这里是××景区游客中心，请问您需要什么服务?”服务全过程使用文明敬语和普通话，“您”“请”“谢”不离口，能进行简单的英语对话。

3. 熟练掌握岗位服务技能、接待程序。对特殊人群（老年人、儿童、残疾人）应主动予以协助，为其提供轮椅、拐杖、婴儿车或其他特殊服务设施。游客借用轮椅、拐杖、婴儿车、便民伞等服务用品时，工作人员按规定为游客办理押金及有效证件登记手续；游客归还服务用品时，工作人员按规定为游客办理押金或有效证件的退还手续，并做好记录。

4. 为游客提供电脑上网、触摸屏查询、手机充电等服务时，工作人员应细致地向游客告知设施使用方法、注意事项及损坏赔偿标准。

5. 回答游客问询时，要站立服务，面带微笑，倾听游客提问，再细致介绍或解释，做到语言清楚、态度温和、语气和蔼、音量适中。如遇儿童或坐轮椅的游客，应下蹲或俯身与游客交流。如回答完游客提问，需询问游客是否还有其他问题。

6. 工作人员接听游客电话时，应按照“铃响不过三”的原则。拿起话筒后要主动问好并报上景区名称；回答电话咨询时要文明礼貌，态度热情诚恳，通话时吐字清楚，语速、音量适中，语句言简意赅；如遇无法回答的问题，应向游客说明，表示歉意，并留下游客联系方式，另由专人回复；通话完毕，互道再见并确认对方先收线后再挂断电话。

7. 具备较强的组织、应变及处理突发事件的能力。如遇纠纷，应及时礼貌制止，并报告有关部门，给予快速协调解决。

规范内容四 日常管理要求

1. 遵守本单位各项规章制度，工作时间严禁打闹、吃零食、玩手机，不做与工作无关的事情。

2. 在岗期间做好工作日志、交接班记录等各项记录。

我来简单说几句……

第八部分

商品销售服务规范

本规范规定了商品销售服务的内容及要求，适用于商品销售服务人员的培训与考核。

商品销售服务流程

规范内容一 岗前准备要求

1. 售货人员统一着工装，仪容仪表整洁。纽扣需扣好，不应有掉扣，不能挽起衣袖，不能穿拖鞋或不着袜子上班，不得着短裤、短裙（膝上10cm以上）及无袖露背装。

2. 统一佩戴工号牌，工牌应端正佩戴在左胸适当位置。

3. 提前10分钟进入岗位，召开岗前例会，做好岗位纪律说明、商品摆放清点、找零及卫生清理等各项准备工作。

规范内容二 服务规范要求

1．站姿挺拔，腰直肩平，上身正直，挺胸收腹，双腿站直，双脚呈八字步或丁字步。

2．对客服务面带微笑，嘴角上扬，露出6～8颗牙齿为宜。善于与游客沟通，见到游客主动致问候语，“您好，很高兴为您服务！请问您需要选购什么商品?”服务全过程使用文明敬语和普通话，“您”“请”“谢”不离口，能进行简单的英语对话。

3．售货人员熟悉商品属性，主动向游客介绍本地区、本景区特色旅游商品。对游客咨询的感兴趣的商品，应主动介绍该商品材质、用途、流行元素、文化内涵及价格，文明推销。

4．做到唱收唱付，“您购买的商品××元，收您××元，找零××元。请慢走，欢迎再次光临！”商品及找零一并双手递入游客手中，请游客复核。

5．熟练掌握计算技术和商品包装技术，美观、牢固、迅速地包装商品。

规范内容三 岗位职责要求

1. 亮照经营，不销售假冒伪劣商品，做到明码标价，计量准确。

2. 对于游客不满意的货物，及时给与退换。做到买卖自愿公平，不得出现强买强卖、欺客宰客，无尾随兜售行为。

3. 回答游客问询时，要站立服务，面带微笑，倾听游客提问，再细致介绍或解释，做到语言清楚、态度温和、语气和蔼、音量适中。如遇儿童或坐轮椅的游客，应下蹲或俯身与游客交流。

4. 清点当日货款，及时上交财务部门，不准挪用、外借，做到日清月结。按月盘点售卖商品，做好商品销售台账。

5. 离岗前，做好售货摊点、商店内部及周边环境卫生。摊点或商店应有专设垃圾桶，方便游客扔掷食品包装袋等杂物、垃圾。

规范内容四 日常管理要求

1. 遵守本单位各项规章制度，工作时间严禁打闹、吃零食、玩手机，不做与工作无关的事情。

2. 在岗期间做好工作日志、交接班记录等各项记录。

我来简单说几句
……

第九部分
安全巡视服务规范

本规范规定了安全巡视服务的内容与要求，适用于安全巡视服务人员的培训与考核。

安全巡视服务流程

规范内容一 安全培训

规范内容二 岗前准备

1. 经培训合格的安保人员按规定准时到岗。检查风纪、仪容仪表，按规定着装，佩戴执勤胸卡列队上岗。

2. 每天早晨上岗前经理点名，如有缺勤可能会影响工作时，经理应立即调整安排。遇特殊任务应及时选拔和调整适当人员，以确保完成任务。

3. 不得由他人私自带班，如遇特殊情况应提前向领导说明情况，巡视期间，不得在岗位上做和值班无关的事情，不得擅自离开工作岗位。

规范内容三 卫生要求

1. 认真清理责任区域的卫生，保证无垃圾、无污物、无废弃物、无污水。

2. 各种设施保持本光本色，无污物，无异味。

3. 对各执勤点的内务要做到被褥叠放整齐，经常拆洗，地面要保持干净，玻璃要经常擦拭。

规范内容四 文明执勤

1. 执勤人员须规范使用文明用语。

2. 上岗人员要保持良好的形象，规范着装，交接班时要相互敬礼。

3. 巡逻时队列整齐，两人成行，三人成列，严禁嬉笑、打闹、损坏公司的整体形象。

4. 处理矛盾和纠纷时要做到有理、有利、有节，依法办事。

规范内容五 安全管理

1. 设立安全管理部门，建立完善的安全管理责任体系、安全监控系统和安全保卫制度。

2. 建立防火、防盗、防爆、防拥挤、防踩踏及防地质灾害、防气象灾害、防食物中毒、防传染性疾病的危机处理机制，具备应对突发事件的能力，制定应急措施。

3. 具备大型活动的应急预案和节假日安全预案。

4. 提供24小时安保服务，工作期间通信工具保持畅通。

5. 巡视人员要注意发现事故隐患，避免各类事故的发生，及时检查、报告和消除安全隐患。

6. 如遇突发事件或安全事故，要及时向领导汇报，不得延误时限。并且做到控制事态，弄清情况，必要时与公安部门联系。

7. 对发现的问题应及时记录，以便日后查询，做好交接班记录。

8. 有专人进行日常游览秩序监控和景区日常防盗、防爆检查。

9. 定期组织安全知识培训和各项安全演练。

10. 危险地段设置明显的中外文警示标志，防护设施齐备、有效，特殊地段有专人值守，应定时播放有关安全事项说明。

11. 重要部位有监视器、防盗门、报警器、护栏、保险柜等装置，并且完好、有效。

12. 涉及安全的特种设备操作、机动车辆驾驶、紧急救援等人员应取得相应岗位证书。

规范内容六 消防安全

1. 配备足够的灭火器材，并保持完好有效。
2. 定期进行消防演习，对职工进行消防知识培训。
3. 对安全通道、疏散出口进行例行检查，保持畅通。
4. 消防标志明显、规范。
5. 景区内明确划定禁烟区，设置禁烟标志。
6. 林区应禁止游客使用明火。
7. 使用明火、电、气的场所应有严格的安全措施。

规范内容七 安全救助

1. 建立紧急救援机制，具备应急处理能力，事故处理及时、妥当。
2. 配备景区紧急救援人员。
3. 医务室配备必须的医疗救助设施，并配备专职医务人员，能满足游客的一般安全求助，做到快速出诊、正确施救。
4. 安全档案记录准确、齐全。

我来简单说几句
……

第十部分
医疗救护服务规范

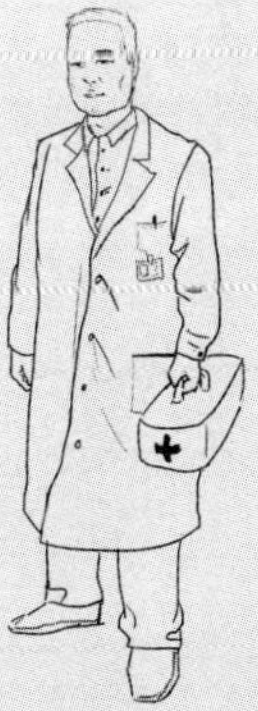

本规范规定了医疗救护服务的内容及要求，适用于医疗救护服务人员的培训与考核。

医疗救护服务流程

规范内容一 医疗制度

1. 设置医务室。医务室应为游客进行一般性突发疾病的诊治和救护。与附近医院建立合作关系，进行资格认证，制定旅游定点医院，形成救护一条龙服务，逐步建立紧急救护体系。建立企业应急物资储备协议制度。

2. 经常对员工进行游客突发病情的常识培训，使景区员工能够在突发事件面前反应敏捷、训练有素、判断正确，处理及时妥当。

规范内容二 急救品

1. 医务室应备有常用救护器材，如担架、氧气袋、急救箱等物品，并定期清点保养和消毒。

2. 医务室应视情况为游客准备常用药品，各种急救药品、物品、器械齐全完好，固定放置，处于随时应急状态，并有明显标志。

3. 定期指定专人经常检查急救品数量、保质期限，及时补充或更换过期物品。

规范内容三 人员要求

1. 医护人员应具有医师执业资格，人数应与景区规模相当，并训练有素。

2. 营业时间医护人员必须坚守岗位，认真负责，坚持诊疗常规，严防发生医疗事故，随时为游客和工作人员进行一般性突发病痛的诊治和救护。

规范内容四 医疗处置

1. 景区内主要路口、场所设置抵达医务室的明显指示牌，并设定各岗位的求救信号。

2. 医务室工作人员接到求救信号10分钟内必须赶到现场。对无能力救治的病人应在最短时间内转至医院治疗。

3. 对于老、弱、病、残等特殊人群应特别关爱，尽可能帮助他们在游玩时不受伤害。

4. 遇到游客发生轻微擦伤、碰伤时，应立即送景区医务室，给予简单的处置；创口较大，较严重的，送医院进行救治。

5. 游客因体弱和激烈游玩活动造成的眩晕、呕吐、虚脱、甚至休克等，工作人员应能采取相应的急救措施并立即通知医务室进行急救。

6. 当发生重大意外事故时应按《景区医疗救护预案》执行，并立即按照程序向社会求救。对突发或者可能造成社会公众健康严重损害的重大传染病疫情、群体性不明疾病，重大食物和职业中毒以及其他严重影响公众健康的事件按国务院条例执行。

我来简单说几句……

第十一部分

文化演出服务规范

本规范规定了文化演出服务的内容及要求，适用于文化演出服务人员的培训与考核。

文化演出服务流程

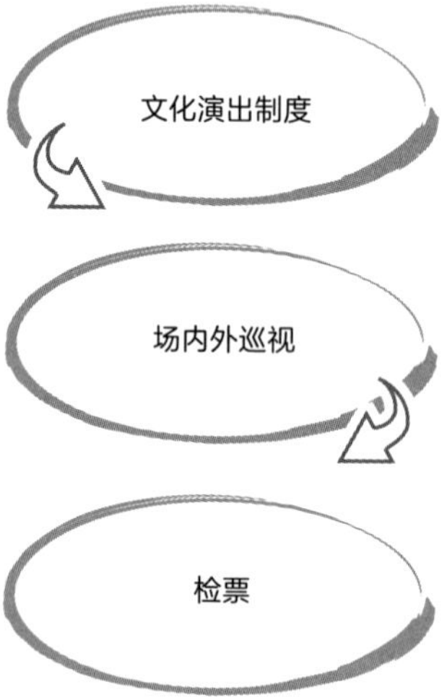

规范内容一 文化演出制度

1. 文化演出的内容文明，应尊重观众的宗教信仰和风俗习惯。

2. 文化演出工作人员岗前应接受岗位培训，熟悉相关法律、法规、制度和规范，熟练掌握专业知识和服务技能。工作时引导游客遵守秩序，文明欣赏节目。

规范内容二 场内外巡视工作

1. 岗前准备

（1）巡视人员按规定准时到岗。

（2）检查仪容仪表，按规定着装上岗。

（3）遇特殊任务应及时选拔和调整适当人员，以确保完成任务。

（4）认真清理责任区域的卫生，保证无垃圾、无污物、无废弃物、无污水。

2. 文明巡视

（1）巡视人员必须规范使用文明用语，保持良好的形象，严禁嬉笑、打闹。

（2）处理矛盾和纠纷时要做到有理、有利、有节，依法办事。

（3）加强对演艺场所观众容量的控制，防止发生踩踏事件。

（4）巡视期间应随时关注座席是否安全、舒适，一人一座。

（5）加强对设施设备和演出流程的监管，保证演出活动的安全有序。因设备故障、安全隐患等突发事件导致演出终止或暂时中断，应第一时间安抚观众，并引导有序离场或耐心等候。

（6）演出结束后，引导观众有序离场，等观众全部离开后，检查、清理观众席设施，发现有损坏及安全隐患的应及时上报，发现观众遗留物品应及时上交。

（7）演出场所应保证移动通信信号畅通，可提供公用电话设施。

规范内容三 检票工作

1. 岗前准备

（1）按规定准时到岗，检查仪容仪表，统一着装。

（2）认真搞好卫生（如喷洒地面、备好垃圾桶），做到洁净无尘。

2. 检票

（1）检票员站立服务，站姿端正，面带微笑，主动招呼，并使用规范礼貌用语“您好，欢迎光临××景区”。

（2）游客流量较大时，检票员应主动上前打招呼“对不起，请稍候”，疏导游客，确保出入口畅通，同时使用肢体语言指导游客顺利通过检票口。

（3）检票员主动提示游客出示票据及相关证件，即使在游客较多时，也应语气和蔼地进行疏导，不得以不耐烦的口气催促游客快走或推拉游客。

（4）检票员遇到团队游客在检票口等候时，要主动上前解说门票卡的检票方法，以便游客了解检票过程及门票卡使用后的重复利用。

（5）检票员要熟悉各种票券的使用方法，迅速、准确查验票券，了解演出内容、时间，对游客提出的咨询热情回答，并指明座次方向，注意事项。

（6）为老、弱、病、残游客及特殊要求的游客，提供特殊服务。

（7）如遇闹事滋事者，应及时礼貌地予以制止，如无法制止，应立即报告有关部门，切忌在众多游客面前争执，引起景区秩序混乱。

（8）检票员请观众出示门票，检验门票的有效性和真实性；检票员对每张门票进行打孔；检票做到不漏检、不错检。

（9）检票员劝导无票观众到指定售票口补票，如遇不通情达理的观众，请安保人员或安保部门、派出所协助解决。

（10）检票完毕引导观众入场，保证入口处通道畅通、不堵塞。

3. 疏导观众

（1）检票员轮流上岗进行疏导，根据观众多少随时调配增减上岗人员、入口数量。

（2）对特殊观众（包括老人、儿童、残疾人、病人、孕妇及贵宾等）通过检票口时，提供相应的帮助服务，以便保证观众顺利安全地入场。

出示门票

第十二部分

特殊娱乐项目服务规范

本规范规定了特殊娱乐项目服务的内容及要求，适用于特殊娱乐项目服务人员的培训与考核。

特殊娱乐项目服务流程

规范内容一 秩序管理

1. 加强治安防范，保证场内游乐秩序和治安秩序良好。
2. 工作人员组织游客排好队，按顺序参与项目，及时疏导。

规范内容二 卫生要求

1. 认真清理责任区域的卫生，各种设施清洁、无油污、无异味、标识清楚，保持本光本色。

2. 对辖区邻近步游道、游客游览逗留的场所，配合环卫工人保洁及清扫，保洁工具用后放在隐蔽处。

规范内容三 接待准备

1. 按规定着装、戴胸卡，精神饱满，列队上岗。遇特殊任务，应及时选拔和调用适当人员，以确保接待工作正常运行。

2. 设备

（1）操作人员在开车前，对其所用的设备逐个环节认真检查并保养。

（2）对设备关键的部位进行满负荷的试验检查，发现问题及时处理并填写检修记录单。

（3）对设备的供应系统等诸多环节、部位确认符合设备正常运行标准。

（4）对设备、设施的润滑部位进行检查、保养及油料填充。

（5）对设备安全控制设施的检查，主要检查其是否牢固可靠、是否灵活准确、是否整体有效。

（6）对辅助设备、设施及用品的班前检查，游客须知牌、警示牌、扬声器、检票夹、签字笔、应急救护药品等是否准备好。

（7）严格按照操作规程试车；观察设备运转是否正常，倾听、确认机械设备的运转声音是否正常；惊险项目试车，必要时负载（沙袋、水泥试块）调试；过山车、观光缆车、海盗船等项目要确保刹车定位装置、安全保护装置有效可靠。

规范内容四 检票要求

1. 认真核实票面价值。准确、快捷，减少游客等待时间。对特殊游客提供相应的帮助。

2. 当游客进入景区后，工作人员引导其快捷、准确地选择适合参与的项目。

3. 游客通过浏览文字说明及示意图，可自行选择适合其参与的项目；对特殊的游客（老人、小孩、残疾人、外宾）给予帮助。

4. 指导游客尽量按票面价值消费，以提高、扩大景区的信誉度、知名度及市场竞争能力，产生隐性广告的效应。

规范内容五 安全知识讲解

1. 工作人员引导游客就位（游客体态和设施相匹配），向其讲解、示范安全设施的使用方法和活动中的注意事项，并逐个检查落实，确保游客安全。

2. 已经乘坐游乐设施的游客身感不适，又不敢（不愿）表态者，工作人员应根据情况，尽快做好开导及转移工作。

3. 对有如下情形者，工作人员应及时劝阻，不听劝阻者，交安保部门或景区派出所处理。（挟持他人参与惊险项目者；参与项目时携带物品妨碍安全者；违规乘坐或擅自打开安全设施者。）

规范内容六 运行管理

1. 操作人员和站务人员应熟悉设备、设施性能。严格遵守操作规程，保障设备的正常运行。作业过程中发现事故隐患或其他不安全因素，应立即向现场安全管理人员和单位有关负责人报告。严格执行单位的规章制度及设备管理的规定。主动宣传《游客须知》，对违反安全规定的游客要耐心劝阻，坚决制止违禁行为。

2. 操作人员

（1）确认安全检查人员完成检查并在运行日志上签字后，方可开启设备运行。

（2）操作人员拉响提示电铃、警示灯、需间断响3次，工作人员挥手示意，全部游客准备就绪，司机启动运转或升降按钮，开始运行。

（3）设备运行启动时，司机注意参与者的行为表现，如发现异常情况（乘坐不适或机械异响），应及时停车，待故障排除后再启动，不许带病运行。

（4）应熟悉紧急停车按钮的位置，以便需要时能够及时停车。

（5）运行结束，按照操作规程稳妥停车，待完全停稳后再示意游客下车，工作人员引导、协助游客离开。

（6）设备运行结束，应严格按照运行日志的要求，进行安全检查，确认无误后，关闭电源并填写设备当日运行记录。

（7）超出设备安全规程外的操作（恶劣天气、设备过热、电压不稳、超载、安全检查不规范等），操作员有权拒绝开车。

3. 站务人员

（1）站务人员维护站台安全秩序，宣讲安全注意事项、乘客须知和操作指南（当游客可自行操作时）。

（2）检查乘坐物及其安全保护装置，及时纠正乘客不符合安全要求的行为。

（3）对有特殊要求的设施，要引导游客均衡乘坐，防止设施偏载。

（4）乘客发生意外事故时，应按规定程序采取紧急救援措施，认真做好善后处理工作。

（5）遵守安全服务有关规定，注意自身安全。

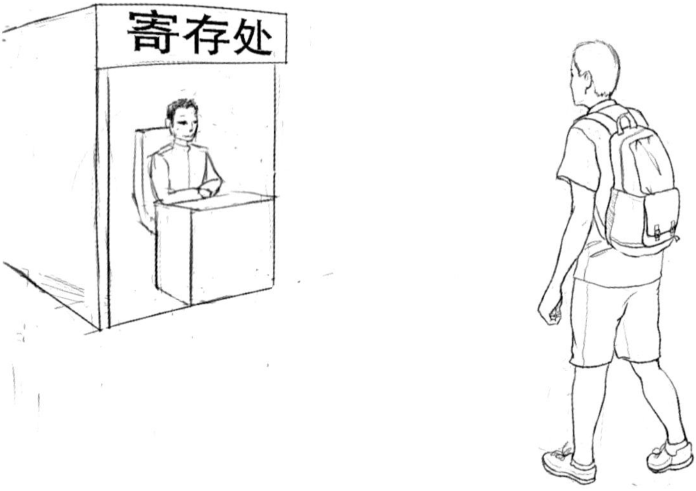

规范内容七 游客财产安全保护

1. 游客自备的旅游用品（手机、相机、望远镜、钱币、证件、卡等），除随身携带外，其他物品可存放景区寄存处。

2. 热点景区人流大，除醒目的警示牌外，工作人员应提醒游客看管好个人财产。

3. 游客参与刺激性较强的项目时，不准携带不安全的物品。

4. 工作人员临时监管游客物品，须与游客当面确认，现金须装袋封存。

5. 游客在项目参与过程中，个人物品由于非游客本人的原因而损坏，包括由于设备非正常运行引起的，景区视情节轻重酌情处理。

6. 游客携带的物品在游览过程中由于自己不慎丢失，景区工作人员应积极协助寻找，并及时报告派出所协助调查。

7. 游客衣物、饰品、身体部位由于设备运行而受到污染、损坏，景区视情节轻重做出相应的补偿。

8. 对易碎、易变形的物品（玻璃制品、陶瓷制品、鲜活物品、危险物品、易燃易爆品、利器等），由游客自行监护。

9. 工作人员对游客物品监护，只限近距离和工作非禁区同时不影响本职工作的前提下，否则不予监护。

10. 工作人员拾到游客遗失物品，应及时如数上交景区有关部门并做好记录，不得索要酬金和物品回赠。工作人员有追踪寻找、提供信息和证据的义务。

11. 对特殊游客群体的物品监护应介绍给派出所寄存（枪支弹药、贵重器材、文字资料绝密文件），否则后果自负。

禁止携带危险物品

第十三部分
广播服务规范

本规范规定了广播服务的内容及要求，适用于广播服务人员的培训与考核。

景区提供广播服务（信息、咨询、宣传），位置合理，规模适度，设施齐全。

1. 每日开园后，首先应致欢迎辞，介绍景区开闭园时间；闭园时应致欢送辞及祝福语，如“欢迎下次再来”或“祝各位旅行愉快，身体健康，万事如意”等；逢节庆日子送上节日祝福语。

2. 每日依据当地天气预报部门播报的天气变化情况定时播报天气变化趋势，及景区内依据天气变化、设备设施检修等情况而临时调整的设备运行情况，以备顾客随时调整游玩顺序，节省游玩时间，减少投诉情况的发生。

3. 每日定时播放安全游览须知，作有关安全事项的安全提示。

4. 每日定时播放景区介绍、相关风景名胜、民间传说、民俗风情等文化知识、歌曲等。

5. 广播覆盖整个景区，中外文对照广播，播音员应热情礼貌、普通话标准，熟练使用至少一门外语，播放内容简练、清晰、易懂。

6. 背景音乐的选择符合景区的特点，播放时间恰当、音量适中、与环境相协调。

第十四部分

电瓶车驾驶服务规范

本规范规定了电瓶车驾驶服务的内容及要求，适用于电瓶车驾驶服务人员的培训与考核。

电瓶车驾驶服务流程

接待前准备

↓

安全驾驶

↓

文明服务

规范内容一 接待前准备工作

1. 人员准备

（1）驾驶员统一着工装，仪容仪表整洁。纽扣需扣好，不应有掉扣，不能挽起衣袖，不能穿拖鞋或不着袜子上班，不得着短裤、短裙（膝上10厘米以上）及无袖露背装。

（2）佩戴工号牌和岗位标志（执勤、安全袖标）。工牌应端正佩戴在左胸适当位置，岗位标志（执勤、安全袖标）需佩戴在左臂衣袖适当位置。

（3）提前10分钟进入岗位，召开岗前例会，做好岗位纪律说明、安全驾驶说明、车辆设施检查及卫生清理等各项准备工作。

2. 出车前安全检查

应注意检查车况是否良好，如轮胎气压是否充足，前后刹车是否灵敏，整车有无异响，螺丝是否松动，电池是否充足电，仪器仪表盘、前后灯光、转向系统是否完好，确认正常后方可使用。

3. 清洁车辆

清洁车辆，保持车内外整洁，做到无泥垢，无垃圾，无卫生死角。挡风玻璃洁净，无指印，无其他痕迹。座位座套清洁，无异味，无破损，无灰尘。扶手无灰尘，无杂质。

规范内容二 安全驾驶

1. 电瓶车需按核定标准载人，不得超员搭载。

2. 驾驶员应遵守电瓶车安全使用规章制度和运营区域内安全管理规定。

3. 在乘员坐稳的情况下方可开动车辆，在行驶过程中驾驶员应注意观察内视镜，如发现乘员在车上站立，倒骑、离开座位以及将身体探出车体之外等危险动作，及时劝阻，如乘员不听则停车处理。

4. 电瓶车开动前应把手刹完全放下，严禁在手刹拉起状态下开动。在车辆启动时，方向盘不应处在极限位置（特殊情况除外）。

5. 当车辆启动时驾驶员首先踩下刹车踏板，在打开电源开关后按下行驶按钮，做到起步平稳。

6. 电瓶车行驶中，应靠右行驶，严格控制驾驶速度，每小时行驶速度应在10公里以内。

7. 园内行驶期间，应随时注意游客的行走方向，及时避让行人，严禁与游客争抢道路；若遇行人抢道的情况，停车让行；如游客在途中下车，车辆必须停稳，方可下车。

8. 在园区内行驶，应尽量避免使用喇叭或倒车，以免影响其他游客。

9. 电瓶车手刹的拉起与放下，应踏脚刹待车辆停稳后操作。

10. 正常行驶中应注意路边行人、车辆以及周围景物，尽量避免急刹、点刹造成乘客磕伤。

11. 转弯时要减速，提醒游客注意抓好扶手。

12. 行驶中保持车身平稳，停车不应有前倾感。

13. 行驶途中，严禁一切妨碍安全驾驶的动作，例如吸烟、吃零食等。不得接打电话，必须做到双手不离方向盘。

14. 车辆掉头、转向、倒车时应注意地形及周围情况，并鸣笛或手势提醒游客避让。

15. 雨雪天气和路滑地段应尽量减速慢行，不要急转弯、猛加速，应增加制动距离，确保安全。

16. 紧急停车时应将车停放于不妨碍交通的平整路面并拉紧手刹，将挡位处于空挡位置。

17. 电瓶车在坡道行驶时应遵守下列规则

（1）缓慢通过上下坡。

（2）不应在坡面上掉头，不应横跨坡道运行。

（3）下坡时不应空挡滑行。

（4）靠近坡道、高站台或平台边缘时，车身与站台或平台边缘之间的距离至少为电瓶车一个轮胎的宽度。

18. 通过桥梁、孔洞之前，驾驶员应确认有足够的通过空间。

19. 电瓶车严禁驶出园区，严禁在消防通道和妨碍安全生产的地方停车，应按照规定的路线和速度行驶。

20. 收车后，应检查燃油、充电、轮胎、电池等情况，确认完好后方可下班。

21. 随车应携带性能可靠、处于有效期的灭火器材。

规范内容三 文明服务

1．查验车票时，站于车门边，站姿挺拔，头正目平，腰直肩平，上身正直，双臂自然下垂，挺胸收腹，双腿站直，双脚呈八字步或丁字步。对客服务面带微笑，嘴角上扬，露出6~8颗牙齿为宜。见到游客主动致问候语，“您好，请出示车票！”

2．认真核对车票，准确快捷，减少游客等待时间。检票后，将车票双手递入游客手中，向游客做出上车手势，轻声提示游客“请您上车！”。服务全过程使用文明敬语和普通话，“您”“请”“谢”不离口，能进行简单的英语对话。

3．待游客全部上车后，耐心细致告知游客乘车期间安全注意事项。对特殊群体（老人、小孩、残疾人）主动给予搀扶帮助。

4．司机拉响提示电铃、警示灯、需间断响3次，全部游客坐稳就绪，司机启动运转或升降按钮，开始运行，不得超员搭载。

5．驾驶员应时刻保持良好的精神面貌，头脑清醒、着装整齐、谈吐文明、热情礼貌地迎接每一位游客。

6．有游客到来时，驾驶员应站位于车前驾驶处等待，左手覆于右手之上置于身前，以站立姿势，鞠躬行礼表示欢迎并礼貌问好。

7．游客上车时应予以引导，有必要帮助的弱势群体需立即给予帮助，待游客全部上车后，温馨提示游客扶好、坐稳方可开车。

8．车辆在行驶过程中驾驶员应提醒乘员不得站立、倒骑以及其他的危险动作。应提醒家长、儿童不得在车上玩耍。行驶时，儿童应坐在大人中间。转弯时，一定要低速慢行，观察路面交通情况，同时提醒游客注意安全。

9. 如遇老、弱、病、残、孕等乘客乘车，应主动提示游客安全乘坐注意事项。

10. 车辆慢行停至适合游客下车的位置，将车辆停好，并提醒游客携带好随身物品。

11. 电瓶车宜安装语音播放系统，对游客给予及时的提示和教育。

第十五部分

投诉处理服务规范

本规范规定了投诉处理服务的内容及要求，
适用于投诉处理服务人员的培训与考核。

投诉处理服务流程

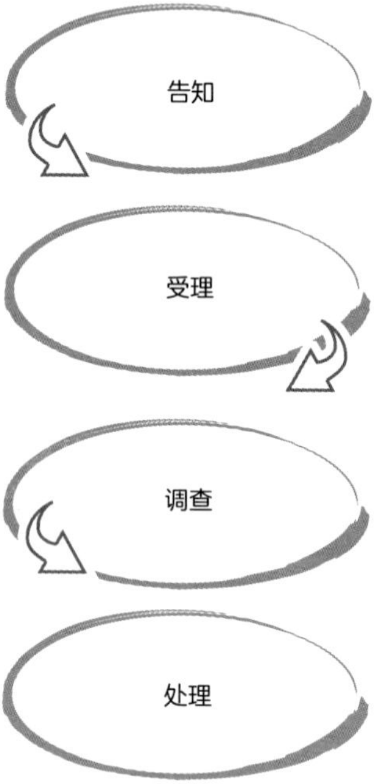

规范内容一 投诉处理

投诉制度

1. 设立投诉受理机构或配备专门受理投诉人员，制定投诉处理的规章制度和处理程序，明确负责投诉处理人员的职责。

2. 投诉事件处理后对投诉资料进行收集、整理、分析、评价、及时发现旅游服务质量存在的问题，定期进行评审，制定并实施改进措施。

3. 及时、妥善处理投诉，建立完整的投诉档案，保持一年以上的备查期。

规范内容二 人员要求

1. 负责投诉部门的工作人员应坚守岗位，热情接待投诉者，首先因员工工作的不足，而导致游客的不满向游客表达真诚的歉意，其次耐心倾听游客的申诉，详细了解事情的经过，并做好记录。

2. 处理投诉人员应具有一定的工作经验，并按计划进行培训。

3. 在处理投诉过程中，要以事实为依据，不能偏听偏信；衡量是非要以国家法律法规和公司的规章制度为依据，不应该偏袒一方，力求公正、公平、公开。涉及法律问题的，依照法定程序处理。

规范内容三 投诉处理程序

1. 告知

（1）公布投诉受理部门、投诉电话和投诉方式。投诉方式可包括：来访、来函、来电或网络投诉等。

（2）在景区售票处、网站／网页、宣传资料、门票上公布投诉电话，各服务岗位应设立游客意见簿，意见箱定期收集、整理，并每月对游客发放征询意见调查表。

2. 受理

（1）编制景区《旅游投诉登记表》。登记表由投诉者填写，电话投诉时，由值班人员予以记录，应准确记录投诉人姓名、投诉事由、处理结果等，景区对登记的内容负有保密责任。

（2）对于事实清楚，应当及时制止或纠正被投诉人损害行为的，可以不填写登记表，但应当对处理情况进行记录存档。

3. 调查

景区应对大宗、复杂的投诉进行调查核实，收集必要的资料进行分析，以便分清责任，给投诉者以满意的答复。

4. 处理

处理时限

投诉的处理，应实行限时管理。投诉处理时限的规定如下

（1）对能够当场解决的问题，应立即解决。

（2）对在规定时间内能够解决的问题，应尽早解决。

（3）对规定时间内难以处理的问题（如因鉴定、检测、收集资料及其他原因延误的）应向投诉者说明原因并确定解决的时限。

（4）对旅游投诉管理部门转发的投诉登记表，应当在收到之日起10个工作日内反馈投诉的基本事实、证据和处理意见，报投诉管理部门。

5. 处理意见

（1）景区应根据调查分析结果和处理依据，选择合适的处理方式。处理方式不仅限于现金和物质上的赔偿，还应包括精神安慰，尽可能满足投诉者的合理要求。

（2）处理意见反馈

①应主动与投诉者联系，说明调查情况，处理意见。

②如投诉者接受处理意见，该处理结果予以实施并记录，投诉终止。

③如投诉者拒绝接受处理意见，投诉仍应保持进行状态。双方应进一步友好协商，争取问题圆满解决。

6. 解决争议的途径

（1）景区应迅速调查核实情况，现场给予游客处理意见，双方可通过协商解决纠纷，并在书面协议上签字，属于景区责任的，应向游客赔礼道歉。

（2）遇到难以达成协议的投诉，公司领导可组成专门领导小组与游客进行协商，如仍不能解决，可请游客直接向上级主管部门投诉，公司将提供方便。

（3）避免和游客发生争执，如产生争议，可采取以下解决途径：

向国家仲裁机构提出仲裁申请；可向人民法院起诉。

第十六部分
餐饮服务规范

本规范规定了餐饮服务的内容及要求，适用于餐饮服务人员的培训与考核。

餐饮服务流程

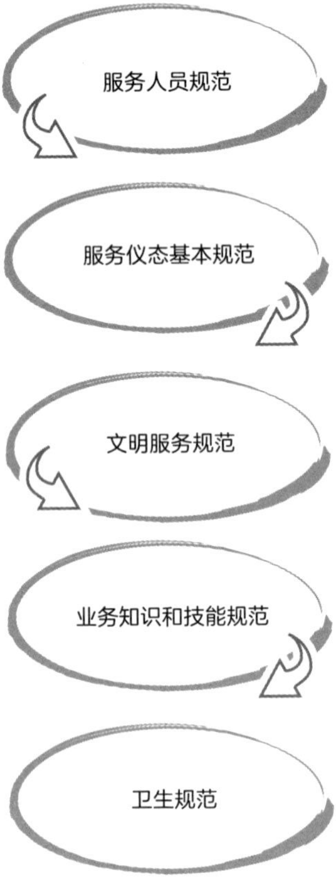

规范内容一 服务人员规范

1. 着装要求

统一着工装，佩戴胸卡，服饰整洁，举止大方，禁止使用气味浓烈的化妆品。

2. 职业道德规范

（1）尊重游客，热情友好，不卑不亢。

（2）仪表整洁，举止大方，微笑服务，礼貌待客。

（3）具有强烈的职业责任感，有崇高的职业理想。

3. 个人素质规范

表情自然，面带微笑，亲切和蔼，端庄稳重，大方得体，不卑不亢，每天上班前，认真检查仪态，整理仪容到指定的化妆间或更衣室。

规范内容二 服务仪态基本规范

1. 站姿

站立基本要求是：头正，肩平，颈直，双眼平视前方，口微闭，面带微笑，两臂自然下垂或在腹前交叉，或双手背后交叉，右手放在左手中，以保持随时可以提供服务的姿态。

2. 走姿

（1）行走时，上体要直，身体重心可稍向前。头平肩平，颈直，双目平视，面带微笑、收腹、挺胸、两臂自然地前后摆动。

（2）服务人员在餐厅一般靠右侧行走，多人一起行走时要让宾客走在前面（迎宾客除外）。遇通道比较狭窄，宾客从对面走来时，服务人员应主动停下来靠在边上，让宾客先通过，走至宾客的1～2米处，轻轻点头致意。

（3）遇有急事或手提重物需超越行走在前面的宾客时，应彬彬有礼地征得宾客的同意，并表示歉意。

3. 表情

服务人员要经常保持微笑，微笑待客，使宾客享受到“宾至如归”的感觉。

4. 手势

手势要正规，得体，适度掌心向上。在介绍时不能用一个手指比画。谈话时，手势不宜过多，幅度不宜过大。指引方向时，应将手臂伸直，手指自然并拢，手臂向上，以肘关节为轴指向目标。眼睛也要转向目标，并注意对方是否已经看清目标。

5. 其他动作

上下楼梯时，腰要挺，背要直，胸要微挺，臀部要微收，不要手扶楼梯栏杆。取低处物品时，不要低头、弯腰、翘臀，而是借助蹲和屈膝的力量将身体重心转移，呈半跪式蹲下拿取物品。

规范内容三 文明服务规范

1. 服务员要求

（1）语言要文明、礼貌、简洁、清晰，语气、语调适中，讲普通话。游客未听清时，应重复讲述。服务人员在工作中不得与宾客同坐。

（2）服务人员与宾客同行时不能抢行或并行，出入门口必须礼让，宾客先行。

（3）不得在宾客面前吸烟、修指甲、剔牙、抠鼻、抓痒、打哈欠、伸懒腰等。

（4）工作时间不能饮酒，不能吃异味食品，要经常漱口。

（5）站立时不能背靠他物，不要三五成群、交头接耳。走路时要神态自然、步履轻盈。

（6）不要在餐厅内大声喧哗、打闹、追逐、边走边聊、拉手、搭肩、手插兜、吹口哨、打响指、哼唱、吃东西。

（7）接听电话时声音要温和、有礼貌，主动报出所在餐厅、姓名，说话要简明扼要。

（8）员工之间应相互尊重，不准说话粗鲁。

2. 厨师要求

（1）上班时，工作服、工作帽、围裙要穿戴整齐，如有事外出或上、下班时间，在前厅走路、出入间要摘掉帽子和围裙，要礼让游客，不哼唱、大声喧哗、打响指、抽烟、吃食物，手拿食品要包好。

（2）无事不进餐厅，如果确实有事，要遵守餐厅规定，要向厨师长和餐厅经理报告。

（3）工作时，不准与楼面工作人员随便嬉戏、闲聊、打闹。

规范内容四 业务知识和技能规范

1. 餐厅服务知识

（1）语言知识　服务人员要学会说普通话，也要懂得地方方言。

（2）礼仪知识　应懂得在社会交往中的礼仪，尤其是在不同场合，对不同人应有的礼节、礼貌。

（3）心理学知识　掌握游客心理活动规律和游客的需求，以便有针对性的提供服务。

（4）民俗学知识　了解各地的风土人情，风俗习惯，以满足游客的特殊要求。比如回、满、蒙、藏等民族的饮食风俗习惯。

（5）生活知识　掌握一般生理卫生、食品卫生知识和食品安全法，生活用品、各种电器的使用和日常维护。

（6）商品知识　餐厅常用的食品、酒类、饮品类的产地、性能、营养成分、生产日期等。

（7）旅游知识　了解本地区旅游名胜古迹等的历史、地理知识、观赏价值，交通道路等。

（8）法律知识　懂得一般法律法规，劳动合同法等相关知识。

（9）服务接待知识　了解掌握餐厅服务工作中的各种服务知识和程序，以及服务工作中的技能、技巧。

2. 餐厅服务工作技能

（1）准备　即事先做的接待服务的准备工作。

（2）迎接　服务人员要会迎接游客，懂得迎接游客的程序和方法，不同场合的迎接，要使用不同的迎接方法。注意主人、宾客、老年人等、要协助接拿物品，扶老携幼。

（3）侍候　它表示餐厅服务人员具体服务的行为和动作。要有一定的规范化、标准化。如托与端、递与放、倒与斟、分与派、推与拉、接与收、记与写等都要规范、准确。

（4）应和、应付、应变、应酬　是服务工作中比较难做的事，需要平时培养和训练，积累实践经验。

（5）整理　餐厅各部门的服务人员都必须具有熟练的专业整理技能。

（6）欢送　餐厅服务人员不仅会迎接游客，而且要会欢送游客。这是接待工作的最后环节。送宾客时要帮助游客，清查有无遗漏物品、递用衣物，引游客出餐厅门，举手送别，目送离去。

规范内容五 卫生规范

1. 个人卫生

（1）做到四勤　勤洗手、剪指甲，勤洗澡、理发，勤洗衣服和晾晒被褥，勤换工作服。

（2）要有健康意识，定期做体格检查，预防疾病，如发现有感冒、咽喉炎、肝炎、皮肤病时应及时上报，就医。

（3）管理人员应十分重视服务人员的个人卫生与健康，并经常进行检查督促，使个人卫生形成制度。

2. 工作卫生

（1）上班工作时避免触摸头发或面孔，不能对着食品、游客咳嗽、打喷嚏，不准随地吐痰、不准吸烟。

（2）手指不可接触到食物，也不可碰触杯口、刀尖、筷子前端及汤匙盛汤部位。

（3）服务员使用的抹布、垫布等每次用后要清洗干净、消毒，以减少或消灭细菌。托盘等工具必须保持清洁。

（4）凡腐烂变质和不符合卫生要求的食品坚决不用。

（5）从碟上掉落下来的食物不可给游客食用。

（6）不可使用掉落地上的餐具及其他用品。

（7）对不干净的餐具和台布要及时撤换清洗，不可使用。

（8）严禁随地丢弃废纸、倒水、乱放茶水杯。

（9）不同的食物不要随便混淆，以免有损食品的味道。

（10）在服务工作中要留心就餐者，发现病态者及带菌者所用的餐具要单独收拾，重点洗涤消毒。

（11）餐后收尾工作时注意卫生，牙签、纸巾等杂料应避免掉在地上，以免增加清洁困难。

（12）在工作中，要经常使用托盘，训练自己成为一名出色的服务员。

第十七部分
楼亭展室看管服务规范

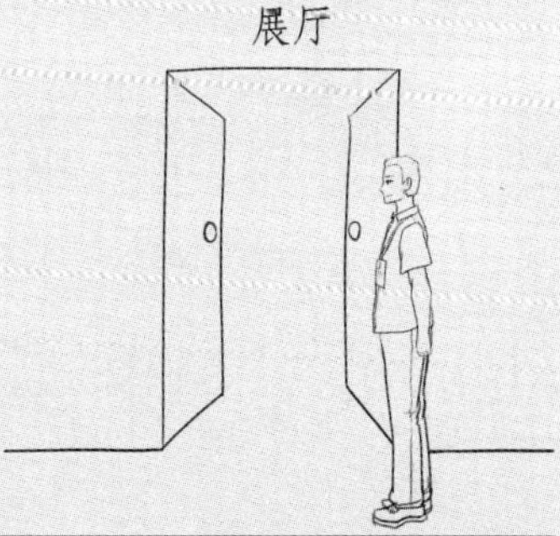

本规范规定了楼亭展室看管服务的内容及要求，适用于楼亭展室看管服务人员的培训与考核。

楼亭展室看管服务流程

规范内容一 工作仪表

1. 工作人员应统一着装，佩戴工号牌，仪容仪表整洁。

2. 工作时应精神饱满，微笑服务，举止得当，语言文明。耐心解答游客疑问，主动为游客提供讲解服务。

规范内容二 工作规范

1. 在游客较多的情况下，要及时耐心地疏导游客，保证游客正常游览。

2. 当班期间，不得与其他人员闲谈、喧哗，不做任何与工作无关的事。

3. 游客进入展室，工作人员应主动站立，站姿要规范。

规范内容三 工作安全

1. 树立“安全无小事”思想，加强日常安全巡查，发现隐患，及时处理。会正确使用各种消防器材。

2. 不得在展室内吸烟，发现游客在展室内吸烟应予以制止；不得使用明火。

规范内容四 工作卫生

1. 展室内陈列的文物、展品应摆放整齐、保存完好，无丢失、损坏现象。个人物品放在隐蔽处，不可乱扔乱放。

2. 展室内应做到全日保洁，无纸屑、果核等任何杂物，无卫生死角，地面无浮土。